经典古诗文129篇

趣读古诗文 ③

歪歪兔童书馆 编绘

顺带还给我换了个名字。

你们在网红景点打卡,我打过卡的景点成了网红。

海豚出版社
DOLPHIN BOOKS
中国国际传播集团

目 录

- 蝉　唐·虞世南 …………………………… 5
- 乞巧　唐·林杰 …………………………… 8
- 示儿　宋·陆游 …………………………… 11
- 题临安邸　宋·林升 ……………………… 14
- 己亥杂诗　清·龚自珍 …………………… 17
- 少年中国说（节选）　近代·梁启超 …… 20
- 山居秋暝　唐·王维 ……………………… 24
- 枫桥夜泊　唐·张继 ……………………… 27
- 长相思　清·纳兰性德 …………………… 30
- 渔歌子　唐·张志和 ……………………… 33
- 《论语》三则　选自《论语》…………… 36
- 读书三到　宋·朱熹 ……………………… 39
- 曾国藩谈读书　清·曾国藩 ……………… 42
- 观书有感（其一）　宋·朱熹 …………… 45
- 观书有感（其二）　宋·朱熹 …………… 48

- 四时田园杂兴（其三十一） 宋·范成大 …… 51
- 稚子弄冰 宋·杨万里 …… 54
- 村晚 宋·雷震 …… 57
- 游子吟 唐·孟郊 …… 60
- 鸟鸣涧 唐·王维 …… 63
- 从军行 唐·王昌龄 …… 66
- 秋夜将晓出篱门迎凉有感 宋·陆游 …… 69
- 闻官军收河南河北 唐·杜甫 …… 72
- 凉州词 唐·王之涣 …… 76
- 黄鹤楼送孟浩然之广陵 唐·李白 …… 79
- 自相矛盾 选自《韩非子·难一》 …… 82
- 乡村四月 宋·翁卷 …… 85
- 杨氏之子 选自《世说新语·言语》 …… 88

古诗文朗读音频在这里哟!

微信扫一扫,
收听古诗文朗读音频。

好诗不厌百回读,
慢吟细品齿颊香。

蝉

唐·虞世南

垂绥饮清露，
流响出疏桐。
居高声自远，
非是藉秋风。

注　垂绥：古代帽子上系在下巴下的带子，这里指蝉的触角。
流响：指像水流一样连续不断的蝉鸣声。
藉：同"借"，凭借。

译　蝉垂下触角吸吮着清澈甘甜的露水，连续不断的鸣叫声从稀疏的梧桐枝叶间传出。
蝉待在高高的树上，声音自然传得很远，并不是凭借秋风帮它传送。

♪ 诗文声律
清露 ⇌ 疏桐

诗歌助记

垂绥饮清露，
流响出疏桐。

蝉
唐·虞世南

居高声自远，
非是藉秋风。

□

唐·□世南

□□饮清露，

□□出疏桐。

居高□□□，

非是□□□。

蝉

虞世南是唐朝初年著名的书法家、文学家，和书法家欧阳询、褚（chǔ）遂（suì）良、薛稷（jì）并称为"初唐四大家"。虞世南不仅才华过人，为人更是品行高洁、耿直敢言，深受唐太宗李世民的赞赏和敬重。古人认为，蝉住在高高的枝头，喝干净的露水，所以常用蝉来比喻高洁的品性。在本诗中，诗人也借描写蝉来表现自己清高正直的品行志趣。

蝉俗称知了，是一种昆虫，头部长着一对短短的触角，用管状的口器吸食树木的汁液获得营养和水分。蝉的幼虫要在地底下的泥土里生活几年，最长的甚至有十七年，然后从土里钻出来，爬到树干上。

幼虫和蝉长得差不多，但幼虫的外骨骼不能随身体的生长而长大，于是会长出新的外骨骼撑破外壳（旧的外骨骼），然后从背部破裂的壳中钻出来，留下一个空壳挂在树上，这个过程称为蜕（tuì）皮，留下的空壳叫作蝉蜕。成语"金蝉脱壳（qiào）"就出自蝉的这一习性，后用来比喻用假象迷惑对方，设法脱身。

炎热的夏季，蝉会发出响亮的鸣叫声，正如诗中的"流响出疏桐"。成年的蝉寿命一般只有两三个月，初秋过后很难再听到蝉鸣声。古人以为蝉是因为天气寒冷而不再鸣叫，所以有成语"噤若寒蝉"，指像深秋的蝉一样不声不响，用来比喻人因为害怕或有所顾虑而不敢说话。

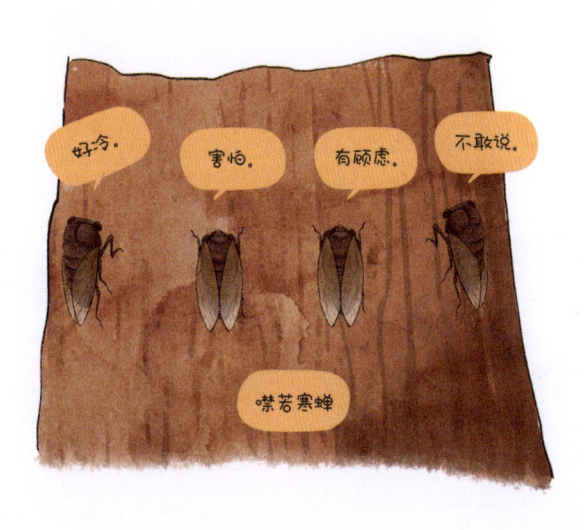

乞巧

唐·林杰

七夕今宵看碧霄，
牵牛织女渡河桥。
家家乞巧望秋月，
穿尽红丝几万条。

注 乞巧节：中国民间传统节日，在农历七月初七，又名七夕。旧时风俗，这天夜里年轻女子会在庭院里向织女星乞求智巧，称为乞巧。

林杰：唐代诗人，小时候非常聪明，六岁就能写诗，去世时年仅十六岁，只有两首诗流传下来。

碧霄：青天，天空。

译 七夕节的晚上，抬头仰望碧蓝的天空，似乎能看见牛郎织女渡过银河在鹊桥上相会。家家户户都在观赏秋月，向织女乞巧，穿过针眼的红线都有几万条了。

诗歌助记

□□

唐·林□

七夕今宵看□□，牵牛织女渡□□。

家家□□望秋月，

穿尽□□几万条。

牛郎织女和七夕节

《牛郎织女》是我国的一个传统民间故事。传说天上王母娘娘的外孙女织女下凡到人间，和放牛的牛郎结为夫妻。王母娘娘发现后，把织女抓回天上，并用玉簪划出一道宽阔的银河，挡住了后面快要追上来的牛郎。回到天上的织女心里一直牵挂着牛郎，茶饭不思，王母娘娘只好允许他们每年见一次面。于是，后来每年的农历七月初七，人间所有的喜鹊都会飞到银河上搭起一座桥，让牛郎织女在鹊桥上相会。

因为这个忧伤又美丽的传说故事，农历七月初七就逐渐成为一个民间节日，叫七夕节，也叫乞巧节。在银河的两边，还有两颗星星被古人命名为牛郎星和织女星。

传说，天空美丽的云彩都是织女用一双巧手编织出来的。民间的女子也想像织女一样心灵手巧，每到七夕节晚上，姑娘们便会在院子里摆上香案供奉瓜果，朝天祭拜，并对着月亮把丝线穿过针眼。如果能顺利穿过，说明已经向织女讨来了巧，称为"得巧"。本诗中的"家家乞巧望秋月，穿尽红丝几万条"，描写的就是七夕之夜，家家户户的姑娘穿针引线、向织女乞巧的盛况。

示儿

宋·陆游

死去元知万事空，
但悲不见九州同。
王师北定中原日，
家祭无忘告乃翁。

注：示儿：给儿子们看。这首诗是陆游临终前写给儿子们的。

元：同"原"，本来。

九州：古代中国曾分为九个州，这里代指全国。

王师：指南宋朝廷的军队。

家祭：祭祀家中先人。

乃翁：你们的父亲，这里指陆游自己。乃，你，你的。

译：原本知道死去之后人间的一切都和我无关了，悲伤的只是没能看到国家统一。等到朝廷军队收复北方中原领土的那一天，祭祀家中祖先时不要忘了告诉你们的父亲。

♪ 诗文声律

万事 ⇌ 九州

空 ⇌ 同

诗歌助记

死去 元知 万事空，

但悲 不见 九州同。

示儿
宋·陆游

王师 北定 中原日，

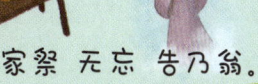

家祭 无忘 告乃翁。

宋·陆□

死去元知□□□,

但悲不见□□□。

□□北定□□日,

□□无忘告□□。

爱国诗人陆游

陆游是南宋时期著名的爱国主义诗人，他出生后的第三年，北宋就灭亡了。陆游一生最大的愿望就是看到国家统一，尽管他活到了八十五岁高龄，也没能等来这一天。临终之前，陆游写下这首诗叮嘱儿子们：将来朝廷的军队收复中原时，一定要把这个好消息告诉你们的父亲。

陆游一生创作了大量诗词，他的诗作流传下来的就有九千多首，是我国历史上存诗最多的诗人。其中很多诗词作品表达出诗人渴望国家统一、想要为国出征的壮志，以及被主张和谈的官员排挤、报国无门的悲愤。

夜阑（lán）卧听风吹雨，
铁马冰河入梦来。
《十一月四日风雨大作》

夜深了，我躺在床上听着屋外的风声雨声，梦见自己骑着身披铁甲的战马，跨过冰封的河流。

扶我起来，我还能披甲出征。

楚虽三户能亡秦，岂有堂堂中国空无人。《金错刀行》
楚国只剩下三户人家，最后也灭亡了秦国，难道我堂堂中国竟会没有一个英雄能人。

朱门沉沉按歌舞，厩（jiù）马肥死弓断弦。……遗民忍死望恢复，几处今宵垂泪痕。《关山月》
贵族官员们在深宅大院里欣赏歌舞，马棚里战马肥胖老死，军库中弓弦朽断。……金人占领区的人民忍辱偷生，盼着早日复国，今夜不知有多少地方的人正在默默流泪。

胡未灭，鬓先秋，泪空流。此生谁料，心在天山，身老沧州。《诉衷情》
胡人还未消灭，双鬓已经白如秋霜，只能任忧国的泪水白流。谁能料到我这一生，一心想要在天山抗敌，最后却要老死在沧州。

题临安邸

宋·林升

山外青山楼外楼，
西湖歌舞几时休？
暖风熏得游人醉，
直把杭州作汴州。

注 临安：南宋都城，在今浙江杭州。
邸：旅店。
休：停止。
熏：吹，用于和暖的风。
汴州：即北宋都城汴京，在今河南开封。

译 西湖四周青山绵延，楼台重重，湖面游船上的歌舞几时才能停歇？温暖的香风把权贵们吹得像喝醉了一样，他们简直把杭州当成了昔日的都城汴州。

诗歌助记

山外青山 楼外楼，

西湖 歌舞 几时休？

题临安邸
宋·林升

暖风 熏得 游人醉，

直把 杭州 作 汴州。

题临安□　　宋·林□

山外青山□□□,

西湖歌舞□□□?

□□熏得□□醉,

直把□□作□□。

汴州和杭州

本诗的作者林升和陆游一样，也是一位南宋诗人，大致和陆游生活在同一时代。本诗主题和《示儿》一样，同样是表达爱国思想的诗篇。这是一首题写在临安城一家旅店墙壁上的诗，所以诗名为《题临安邸》。

公元960年，宋太祖赵匡胤（yìn）建立宋朝，把都城定在开封，也称为东京、汴京、汴州。东京城是当时世界上最大的城市。北宋画家张择端的《清明上河图》，生动描绘了开封城汴河两岸热闹繁华的景象。

公元1127年，北方的金兵南下，攻破东京城，宋朝的两个皇帝宋徽宗和宋钦宗也被金兵抓走，北宋灭亡。这一年是靖康二年，这一事件被称为"靖康之乱"，也被宋朝人称为"靖康之耻"。

靖康耻，犹未雪。
臣子恨，何时灭。

宋·岳飞《满江红》

同一年，宋钦宗的弟弟赵构登上皇位，后来把都城定在临安，也就是杭州。因为汴州在北方，杭州在南方，所以宋朝的前半段称为北宋，后半段称为南宋。

宋高宗赵构和权臣秦桧（huì）害怕抗金力量壮大，会威胁到自己的统治，于是杀害了抗金名将岳飞，向金朝称臣，一心一意在南方过起了小日子。贵族官员们似乎完全忘记了当年的耻辱，只顾沉迷于眼前纸醉金迷的生活，甚至把半壁江山的都城杭州当成了北宋的都城汴州。《题临安邸》正是一首在这样的背景下创作出来讽刺当权者的诗。

己亥杂诗

清·龚自珍

九州生气恃风雷,
万马齐喑究可哀。
我劝天公重抖擞,
不拘一格降人材。

注 己亥杂诗：《己亥杂诗》是龚自珍在己亥年（1839年）写的一组诗，共315首，本诗是其中一首。己亥，农历干支纪年中六十年为一个循环，己亥是其中的第三十六年。
生气：活力，生命力。这里指朝气蓬勃的局面。
恃：依靠。
万马齐喑：所有的马都沉寂无声。比喻人们沉默不语，不敢发表意见。喑，沉默，不说话。
抖擞：振作，奋发。

译 只有风云变色、狂雷炸响般的巨大力量才能使中国大地迸发出勃勃生机，
现在这种万马无声、谁都不敢发表意见的局面，终究是一种悲哀。
我奉劝上天要重新振作精神，
不要拘泥于一定的规格，降下更多的人才挽救垂危的国家。

诗歌助记

九州生气恃风雷， 万马齐喑究可哀。
我劝天公重抖擞， 不拘一格降人材。

己亥杂诗

清·龚自珍

□□杂诗　清·龚□□

九州生气恃□□，

万马□□究可哀。

我劝天公重□□，

□□□□降人才。

爱国诗人龚自珍

龚自珍是清朝著名的爱国诗人,和主张严禁鸦片的林则徐是好朋友,曾全力支持林则徐禁除鸦片。

龚自珍生活的时代,西方国家已经进入快速发展阶段,英国成为世界上最强大的工业国家,而清朝的统治越来越腐朽,古老的中国已经大大落后于西方。龚自珍多次向朝廷进言,提议改革政治,任用贤才,抵制外国侵略,却遭到权贵们的排挤和打击。1839年,也就是己亥年,龚自珍辞去官职,离开北京回老家浙江杭州。

龚自珍路过镇江一座古庙时,当地百姓正在举行祭祀,向天上的玉皇大帝、风神、雷神求雨。主持祭祀的老人正好是龚自珍的老朋友,便请他帮忙写祭神文。龚自珍于是挥笔在纸上写下了这首诗,用"万马齐喑"比喻在清王朝的腐朽统治下,人才被压制,到处死气沉沉的状况,反映出诗人想要改革现状的思想。

求上天有用吗?

有用,只要一直求,求到下雨为止。

1841年,龚自珍在江苏丹阳一所书院担任老师,希望能为国家培养有用人才。在这前一年,英国发动侵略中国的鸦片战争,此时,英军已经沿东南沿海一路北上,龚自珍打算辞职后前往前线参加反击侵略的战斗,还没来得及动身便患急病突然离世。

落红不是无情物,
化作春泥更护花。

《己亥杂诗》

少年中国说（节选）

近代·梁启超

故今日之责任，不在他人，而全在我少年。少年智则国智，少年富则国富，少年强则国强，少年独立则国独立，少年自由则国自由，少年进步则国进步，少年胜于欧洲则国胜于欧洲，少年雄于地球则国雄于地球。

红日初升，其道大光。河出伏流，一泻汪洋。潜龙腾渊，鳞爪飞扬。乳虎啸谷，百兽震惶。鹰隼试翼，风尘吸张。奇花初胎，矞矞皇皇。干将发硎，有作其芒。天戴其苍，地履其黄。纵有千古，横有八荒。前途似海，来日方长。

美哉，我少年中国，与天不老！

壮哉，我中国少年，与国无疆！

注
隼：一种凶猛的鸟。
矞矞皇皇：华美瑰丽，富丽堂皇。
干将：古代宝剑名。
硎：磨刀石。
履：踩，踏。
八荒：指东、南、西、北、东南、东北、西南、西北八个方向上极远的地方。
哉：表示赞叹，相当于"啊"。

♪诗文声律
潜龙腾渊 ⟺ 乳虎啸谷
天戴其苍 ⟺ 地履其黄
纵有千古 ⟺ 横有八荒
美哉 ⟺ 壮哉
与天不老 ⟺ 与国无疆

译
所以说今天的责任，不在别人身上，而全在我们少年身上。少年聪明国家就聪明，少年富裕国家就富裕，少年强大国家就强大，少年独立国家就独立，少年自由国家就自由，少年进步国家就进步，少年胜过欧洲，国家就胜过欧洲，少年称雄于地球，国家就称雄于地球。

红日刚刚升起，道路上一片光明。黄河从地下冒出来，汹涌奔流浩浩荡荡。潜龙从深渊中腾跃而起，鳞爪舞动飞扬。小老虎在山谷中吼啸，所有的野兽都害怕惊慌。鹰隼展翅试飞，掀起狂风，卷起尘土高高飞扬。奇花刚开始萌发蓓蕾，华美瑰丽，富丽堂皇。干将宝剑刚从磨刀石上磨出来，发出耀眼的光芒。头顶着苍天，脚踏着黄土大地。纵看有悠久的历史，横看有辽阔的疆域。前途像海一样宽广，未来的日子无限长远。

美丽啊，我的少年中国，与天地一起共存不老！雄壮啊，我的中国少年，与祖国一起万寿无疆！

少年□□说（节选）

近代·梁□□

红日初升，其道□□。
河出伏流，一泻□□。

潜龙腾渊，□□飞扬。
乳虎啸谷，□□震惶。

鹰隼试翼，□□吸张。
奇花初胎，□□皇皇。

干将□□，有作其芒。
天□其苍，地□其黄。

公车上书和戊戌变法

本文作者梁启超是广东新会人。1895年春天,梁启超和主张变法的广东南海人康有为一起去北京参加科举考试。当时,中国在甲午战争中败给日本,清朝政府和日本侵略者签订了丧权辱国的《马关条约》。消息传来,义愤填膺(yīng)的康有为和梁启超联合了上京赶考的一千三百多名举人,联名上书当时的光绪皇帝,抗议《马关条约》的签订,请求变法。这一事件被称为"公车上书"。"公车"原本为汉代负责接待臣民上书的官署名,这里特指来京赶考的举人们。

1898年,在康有为、梁启超等人的推动下,光绪帝决定变法,发布了裁撤多余的官员、鼓励私人开矿办厂、开设新式学堂、训练新式军队等一系列变法条令。这一年是戊戌(wù xū)年,历史上称这次变法为"戊戌变法"。因为太后等人的反对,变法持续了103天便失败了,所以这次变法又称为"百日维新"。变法虽然失败了,但它的影响非常深远,北京大学的前身京师大学堂就是在变法期间创立的。

1900年,中国爆发了反抗外国侵略者的义和团运动。为了镇压义和团,英、美、俄等八个国家组成的八国联军攻占了天津、北京等地。帝国列强还称中国为"老大帝国",意思是古老落后、腐朽无能、快要灭亡的国家,污蔑中国不能自立,只能由列强来瓜分管理。梁启超针对这一言论,写下了《少年中国说》,满怀热情地歌颂少年的朝气蓬勃,热切鼓励人们担负起建设少年中国的重任。

山居秋暝

唐·王维

空山新雨后,天气晚来秋。
明月松间照,清泉石上流。
竹喧归浣女,莲动下渔舟。
随意春芳歇,王孙自可留。

注
暝:日落时分,天色将晚。
新:刚刚。
竹喧:竹林里的声响。喧,喧哗,声音大而杂乱。
浣女:洗衣物的女子。
随意:任凭。
歇:尽,消失,逝去。
王孙:原指贵族子弟,后来也泛指隐居的人,这里指诗人自己。

译
空寂的山间刚下过一场雨,夜色降临,让人感受到阵阵秋意。
明亮的月光照在松林间,清清的泉水在山石上流淌。
竹林喧响,原来是洗衣服的姑娘归来,荷叶摇动,原来是打鱼的小船也回来了。
任凭春天的花草凋谢,可"我"还是愿意留在这里,长久居于此地。

♪ 诗文声律

明月 ⇌ 清泉　　竹喧 ⇌ 莲动
松间照 ⇌ 石上流　　归浣女 ⇌ 下渔舟

诗歌助记

空山 新雨后, 天气 晚来秋。 明月 松间照, 清泉 石上流。
竹喧 归 浣女, 莲动 下 渔舟。 随意 春芳歇, 王孙 自可留。

山居秋暝
唐·王维

山居□□

唐·□□

□□新雨后,□□晚来秋。

明月□□照,清泉□□流。

□□归浣女,□□下渔舟。

随意□□歇,□□自可留。

因诗免罪

和前面学过的大多数只有四句的诗不一样,《山居秋暝》总共有八句,因为这是一首律诗。和绝句一样,律诗也是中国传统诗歌的一种体裁,通常为八句,每两句为一联。每句五个字的叫五言律诗,简称"五律";七个字的叫七言律诗,简称"七律"。律诗在平仄、对仗、押韵等格式和音律方面都有严格规定,因而得名。律诗的中间两联通常是对仗的句子。

这首诗创作于王维在长安附近终南山下的辋川别业隐居期间,描写了初秋山中雨后黄昏时分的景色和村民们平静恬淡的田园生活。

王维虽然寄情于山水,却是一名忠君爱国、非常有气节的官员。安史之乱爆发后,安禄山攻破长安,唐玄宗逃去了四川,王维被叛军抓获。安禄山很欣赏他的才华,让人把他带到洛阳,强行给他安排了一个官职,王维拒绝接受任命,被囚禁在一座寺庙里。

一天,安禄山在洛阳皇家园林的凝碧池边设宴,招待那些投靠他的唐朝官员,并胁迫宫廷乐工演奏,乐工们都忍不住伤心落泪。一个叫雷海青的乐工摔碎乐器拒绝演奏,被叛军当场残酷杀害。王维的朋友裴迪来探望时告诉了他这件事,王维听后悲愤交加,于是写下了一首诗:

万户伤心生野烟,
百僚何日更朝天。
秋槐叶落空宫里,
凝碧池头奏管弦。

战火四起,万户伤心,文武百官哪天能再朝拜天子?秋天的槐树叶飘落在空荡荡的皇宫里,凝碧池边,叛军得意地奏乐欢庆。

安史之乱平息后,当年曾在安禄山手下担任过官职的人全都被定罪,唯独王维因为写了这首诗被赦免。

枫桥夜泊

唐·张继

月落乌啼霜满天，
江枫渔火对愁眠。
姑苏城外寒山寺，
夜半钟声到客船。

注
枫桥：在今江苏苏州。
夜泊：夜间把船停靠在岸边。
姑苏：苏州的别称，因城西南有姑苏山而得名。
寒山寺：枫桥附近的一座寺庙，相传唐代僧人寒山曾住在这里。

译
月亮西落，乌鸦啼鸣，寒气满天，
我对着江边的枫树、渔船上的灯火，忧愁难眠。
姑苏城外的寒山古寺，
半夜敲钟的声音传到了客船。

诗歌助记

枫桥夜泊
唐·张继

月落 乌啼 霜满天，　　江枫 渔火 对愁眠。

姑苏 城外 寒山寺，　　夜半 钟声 到客船。

枫桥□□

唐·张□

□□□霜满天，

□□□□对愁眠。

姑苏城外□□□，

夜半□□到客船。

寒山寺和枫桥

本诗作者张继大致和杜甫生活在同一时代,他的诗作保留下来的不多,但这首《枫桥夜泊》广为流传,寒山寺也因这首诗闻名天下。寒山寺位于江苏苏州姑苏区,始建于南北朝时期的梁代,因唐代僧人寒山曾在这里居住而得名。寒山寺附近的一座桥原名封桥,宋朝时因为张继的这首诗改名为枫桥。

枫叶和秋天

春夏季节,枫树的叶子和大部分树叶一样都是绿色的,到了秋天,枫叶中的叶绿素减少,红色的花青素增多,于是变成了火红色,非常漂亮。也正因为秋天的枫叶如此引人注目,所以常常出现在秋景诗词中,经常和思念、伤感等情绪联系在一起。

浔阳江头夜送客,枫叶荻(dí)花秋瑟瑟。唐·白居易《琵琶行》
夜晚在浔阳江边送别客人,枫叶、荻花被秋风吹得瑟瑟作响。

一重山,两重山,山远天高烟水寒,相思枫叶丹。五代·李煜《长相思》
一座山,两座山,山远天高,雾气迷蒙的水面冒着寒意,相思之情像枫叶那般火红炽烈。

红叶黄花秋意晚,千里念行客。宋·晏几道《思远人》
枫叶变红,黄菊开遍,又是晚秋时节,我思念起千里之外的游子。

雁啼红叶天,人醉黄花地,芭蕉雨声秋梦里。元·张可久《清江引》
大雁在红叶飘飞的天空啼鸣,人醉卧在菊花盛开的园子,秋雨轻打芭蕉的声音一直传到梦境里。

长相思

清·纳兰性德

山一程，水一程，

身向榆关那畔行，夜深千帐灯。

风一更，雪一更，

聒碎乡心梦不成，故园无此声。

注 长相思：词牌名。
榆关：即山海关，在今河北秦皇岛东北。
那畔：那边，这里指山海关的另一边。
更：古代一夜分成五更，每更大约两小时。
聒：声音嘈杂，这里指风雪声。

译 跋山涉水走过一程又一程，将士们朝着山海关那边前行，夜已经深了，千万座帐篷里亮起了灯。

整夜寒风呼啸，雪花狂舞，扰得思乡的人无法入睡，在故乡可没有这样的声音啊。

诗歌助记

长□□　清·纳兰□□

□一程，□一程，

身向□□那畔行，

夜深□□灯。

□一更，□一更，

□□乡心梦不成，

□□无此声。

随驾出巡

纳兰性德是清代著名词人。他是满族人,姓纳兰,名性德,字容若,也叫纳兰容若,是康熙皇帝倚重的大臣纳兰明珠的儿子。纳兰性德自己也是才华过人,文武兼备,深受康熙皇帝赏识,二十出头时成为康熙皇帝身边的侍卫,多次跟随皇帝出巡。

清朝是由满族贵族建立的政权。满族人的祖先生活在东北地区,定都北京之前,清朝的都城在盛京,就是现在的辽宁沈阳,清朝皇帝的祖陵也在沈阳一带。这一年,清朝平定了南方的叛乱,康熙皇帝要回沈阳祭拜祖陵,纳兰性德作为侍卫也一同前往。

大队人马从北京出发,经山海关前往沈阳。当时正是冬天,天寒地冻,路远难行。本词的第一段(上阕)描写了路途的遥远和行程的艰辛,将士们很晚才到达宿营地,扎起帐篷,点起灯,"夜深千帐灯"。

第二段(下阕)写夜晚帐篷外风雪交加,嘈杂声扰得词人无法入睡,他忍不住抱怨说:我的故乡可没有这样的声音啊。我们知道,北京的冬天也会刮风下雪,词人却说"故园无此声",可能是因为边塞的风雪声更大,在外露营风雪声更加声声入耳。但更重要的是,作者用这一句表达出对行旅生活的厌倦,对故乡无边的思念和深深的眷恋之情。

渔歌子

唐·张志和

西塞山前白鹭飞,
桃花流水鳜鱼肥。
青箬笠,绿蓑衣,
斜风细雨不须归。

注
渔歌子:词牌名。
西塞山:在今浙江湖州西。
箬笠:竹叶或竹篾编的斗笠,可以用来遮雨。箬,一种竹子。
蓑衣:用草或棕编织成的雨衣。

译
西塞山前白鹭飞翔,
漂着桃花的流水中鳜鱼肥美。
渔翁头戴青色的箬笠,身披绿色的蓑衣,
在斜风细雨中垂钓,并不急着回家。

♩ 诗文声律
白鹭飞 ━ 鳜鱼肥   青箬笠 ━ 绿蓑衣

诗歌助记

西塞山前　白鹭飞,　　桃花　流水　鳜鱼肥。

青箬笠,　绿蓑衣,　　斜风　细雨　不须归。

渔歌子
唐·张志和

□□□

唐·张□□

西塞山前□□飞，

桃花流水□□肥。

青□□，绿□□，

□□□□不须归。

浮家泛宅山水间

张志和的这首《渔歌子》和柳宗元的《江雪》写的都是独自垂钓的渔翁，但两首作品又有很多不同。两位作者都是唐代诗人，张志和比柳宗元大四十岁左右。《渔歌子》描写的是春天的景象，白鹭飞翔，桃花盛开，鳜鱼肥美，披蓑戴笠的渔翁在斜风细雨中钓鱼，表现出作者沉醉于自然山水的悠然自得。《江雪》描写的则是在大雪之中、寒江之上独自垂钓的渔翁，表达出作者孤独愁闷的心情。

张志和是婺（wù）州金华（今浙江金华）人，出生于长安，三岁开始读书，六岁就能写文章。二十多岁时，张志和因为平定安史之乱出谋划策有功被授予很高的官职，后来又因劝谏皇帝被贬官。父母和妻子相继去世后，张志和干脆辞去官职，过起了浪迹江湖的隐居生活。游遍了吴、楚一带山水后，张志和在浙江湖州城西的西塞山隐居，自称"烟波钓徒"，在这里写下了《渔歌子》。

张志和性格开朗，幽默诙谐。当时，好友颜真卿正在湖州当刺史，张志和前去拜访他。颜真卿见张志和的小船太破旧了，就送了他一条新船，张志和毫不客气地收下了，感谢他说："愿为浮家泛宅，往来苕（tiáo）、霅（zhà）间。"我以后会把这条船当成飘浮在水上的住宅，驾着它往来于湖州的苕溪、霅溪间。形容以船为家、四处漂泊的成语"浮家泛宅"就出自这里。

据说，张志和后来在和颜真卿同游位于现在江苏吴江平望镇的莺脰（dòu）湖时，不小心落水身亡。

《论语》三则

选自《论语》

敏而好学,不耻下问。

知之为知之,不知为不知,是知也。

默而识之,学而不厌,诲人不倦。

注 敏:聪敏,聪明敏捷。
好:喜好。
耻:以……为耻。
下问:向地位、学问不如自己的人请教。
是知也:是真正的智慧。知,同"智",聪明,智慧。
识:记住。
厌:满足。
诲:教诲,教导。

译 聪敏又好学的人,不会以向地位、学识不如自己的人请教为耻。

知道就是知道,不知道就是不知道,这才是真正的智慧。

默默地记住所学的知识,学习上总也不会满足,教导人时从不厌倦。

《□□》三则

选自《□□》

敏而□□，
不耻□□。

知之为□□，不知为□□，是□也。

默而□之，
学而□□，
诲人□□。

孔子和《论语》

孔子是我国春秋时期的大教育家、大思想家。孔子姓子，孔氏，名丘，不过人们称他为"孔子"并不是因为他姓子，而是因为在古代，"子"是对人的一种尊称。后世统治者更是尊称孔子为"孔圣人"。祭祀孔子的庙宇称为孔庙、文庙，在古代，几乎全国各地都建有文庙，有很多文庙留存至今。

孔子创办了我国最早的私立学校，总共教过三千多名学生，其中有七十二人取得了不错的成就。孔子认为，不管是贵族的孩子，还是普通百姓的孩子，都应该接受教育。不同的学生知识水平、学习能力、性格特点不一样，老师应该根据学生的自身特点选择不同的教学方法。

孔子博学、仁爱，为人真诚、宽厚，他认为统治者应该用道德、礼教来治理国家，建立起一个人们互敬互爱、和睦守信、秩序井然的理想社会。孔子的种种思想观点合在一起，开创了一个对后世影响非常深远的学派——儒家学派。

孔子去世后，他的学生，还有学生的学生，把孔子和学生们平时说过的话、做过的事记录下来，编成了一本书，这就是《论语》。书中有许多关于如何学习的内容，很多我们熟悉的成语也出自这本书。在《论语》三则中，就出了三个关于教与学的成语：不耻下问、学而不厌、诲人不倦。

读书三到

宋·朱熹

余尝谓读书有三到，谓心到、眼到、口到。心不在此，则眼不看仔细，心眼既不专一，却只漫浪诵读，决不能记，记亦不能久也。三到之中，心到最急。心既到矣，眼口岂不到乎？

注 尝：曾经。
谓：说。
漫浪：随意，随随便便。
急：要紧，重要。

译 我曾经说过，读书讲究"三到"：心到、眼到、口到，即读书时心思要放在书本上，眼睛要看，口里要读。心思不在书本上，那么眼睛就不会仔细看，心和眼既然没有专注统一，却只是随随便便地读，那么一定不会记住，就算记住了，也记不长久。这三到之中，心到最重要。如果能够专心致志，眼和口还会不集中吗？

读书□□

宋·□□

眼到

心到

口到

余尝谓读书有□□，谓心到、眼到、口到。□不在此，则□不看仔细，□□既不专一，却只□□诵读，决不能□，□亦不能久也。三到之中，□□最急。心既到矣，□□岂不到乎？

三余和三上

朱熹是南宋时期的教育家、思想家，他在各地任职时，创办了很多所学院，重建了历史上著名的白鹿洞书院，并亲自编写教材。他的代表作《四书章句集注》是对《大学》《中庸》《论语》《孟子》这四部儒家经典著作的注解，后来成为元明清时期的官方教科书。本文是朱熹在读书学习上的心得，古代很多文人也提出过自己的读书、写作方法。

三国时期的魏国人董遇非常爱读书，有人向他请教，他说："先把书读上一百遍吧，书中的意思自然就显现出来了。"那人说："平时那么忙，哪有时间读书啊？"董遇就说："读书要善于利用空余时间。冬天不用干农活，是一年中的空闲时间；晚上不用下地劳动，是一天中的空闲时间；雨天不方便出门干活，也是空闲时间。"

冬者岁之余，夜者日之余，阴雨者时之余。

北宋文学家欧阳修曾经说过："我的文章大多都是在马上、枕上、厕上这'三上'构思出来的。"意思是说，他骑在马上赶路时，睡觉前躺在枕头上，坐在马桶上时，脑子里都在构思文章，这几个时候往往都是他灵感爆发的时候。

曾国藩谈读书

清·曾国藩

盖士人读书，第一要有志，第二要有识，第三要有恒。有志则断不甘为下流；有识则知学问无尽，不敢以一得自足，如河伯之观海，如井蛙之窥天，皆无识者也；有恒者则断无不成之事。此三者缺一不可。

注 盖：放在句首的发语词，没有实际意义。
士人：泛指知识阶层。
恒：恒心。
断：绝对，一定。
下流：下等，劣等。

译 读书人读书学习，第一要有志向，第二要有见识，第三要有恒心。有志向就不会甘心居于卑微的地位；有见识就会知道学无止境，不敢稍有收获就自我满足，像河伯观海、井蛙观天，这些都是没有见识的；有恒心则一定没有干不成的事情。志向、见识、恒心，这三者少了哪一样都不行。

曾□□谈读书

清·曾□□

盖□□读书，第一要有□，第二要有□，第三要有□。有志则断不甘为□□；有识则知□□□□，不敢以□□自足，如河伯之□□，如井蛙之□□，皆□□者也；有恒者则断无□□□□。此三者□□□□。

读书三有

曾国藩是晚清时期著名的政治家、文学家。和历史上很多出名的文人不一样,曾国藩小时候并不聪明,但他非常勤奋好学。一天深夜,一个小偷溜进他家,想趁这家人都睡着之后偷点儿东西。没想到小曾国藩还坐在书桌前反复朗读、背诵一篇文章,读了一遍又一遍也没能背下来。小偷等了又等,最后忍不住跳出来大声说道:"我都背下来了!这么笨还读什么书?"于是把曾国藩读的那篇文章从头到尾背了一遍。但这件事并没有打击曾国藩的读书热情,反而激励他更加发愤用功,长大后成了一代名臣。

> 这么几句话我都会背了!你还要读多少遍才能背下来?

> 哼,只要我坚持读,总会背下来的。

曾国藩强调读书要有志向、有见识、有恒心。谈到见识时,他引用了出自《庄子·秋水》的两个典故:河伯观海、井蛙窥天,都是比喻眼界狭窄、见识不广。河伯是传说中黄河的河神。秋天涨水后,黄河变得非常宽阔,从河这边看不清对岸吃草的是牛还是马。河伯非常高兴,以为天下最美丽壮观的景色就在自己这里了。他顺着水流往东走,一直来到大海边,当他看到广阔无比的大海时,才意识到自己的浅薄。

井蛙窥天讲的是一只长年生活在井底的青蛙,抬起头只能看到井口大的一块天,就以为天只有那么大。直到有一天,一只爬到井口的海鳖(biē)告诉它,外面的天空大得无边无际。它于是跳出井口,看到了广阔的天空,辽阔的大海,顿时羞愧得一句话也说不出来。唐代文学家韩愈评论这个故事:"坐井而观天,曰天小者,非天小也。"于是有了"坐井观天"这个成语,也是指眼界狭窄、见识不广。

观书有感（其一）

宋·朱熹

半亩方塘一鉴开，
天光云影共徘徊。
问渠那得清如许？
为有源头活水来。

注 鉴：镜子。
徘徊：在一个地方来回移动。
渠：它，这里指方塘里的水。
那得：怎么会。那，同"哪"。
为：因为。

译 半亩大的方形池塘像一面镜子一样铺展开，天空的光辉和浮云的影子在水面一起移动。要问池塘里的水为什么这么清澈？是因为有水流不断地从源头流来。

诗歌助记

半亩方塘　一鉴开，
天光　云影　共徘徊。
观书有感（其一）
宋·朱熹
问渠 那得 清如许？
为有 源头 活水来。

□□有感（其一）

宋·朱□

半亩□□一鉴开，　天光□□共徘徊。

问渠那得□□□？

为有□□活水来。

爱说理的朱熹

朱熹是南宋时期的理学家。理学家是一些致力于研究藏在万事万物中的规律和道理的学者。赞美莲花"出淤泥而不染"的北宋文学家周敦颐，成语故事"程门立雪"中的北宋学者程颐，以及他的哥哥程颢（hào），盯着一根竹子琢磨世间道理的明朝学者王守仁，都是理学家。

朱熹的两首《观书有感》都是讲读书道理的说理诗。诗名中的观书就是看书、读书，但是，这首诗和读书有什么关系呢？

半亩方塘一鉴开：读书人心如明镜，清澈如水，

天光云影共徘徊：胸怀广大，装得下星辰大海，天光云影都在这里自由自在地徘徊。

问渠那得清如许：读书人为什么能心如明镜、胸怀广大呢？

为有源头活水来：因为每天读书、学习、思考，不断积累新的知识，就像有源源不断供给新鲜水流的源头一样。人的智慧、思想的源头就是藏在众多书籍中的知识之泉。

观书有感（其二）

宋·朱熹

昨夜江边春水生，
蒙冲巨舰一毛轻。
向来枉费推移力，
此日中流自在行。

注 蒙冲：同"艨艟"，古代战船，这里指大船。
向来：原先，指春水上涨之前。
枉费：白白地耗费。
中流：河流的中心。

译 昨天夜晚江边春水猛涨，
庞大的舰船就像一片羽毛一样轻盈。
以往花费许多力量也推不动它，
今天却在河流中间自在地行驶。

诗歌助记

□□有感（其二）

宋·朱□

昨夜□□春水生，

□□□□一毛轻。

向来□□推移力，

此日□□自在行。

读书的三层境界

朱熹的第二首《观书有感》也是一首说理诗，表面上在写行船，其实是在讲读书的感受。

昨夜江边春水生：昨天晚上思路豁然开朗，

蒙冲巨舰一毛轻：巨大的难题迎刃而解。

向来枉费推移力：之前绞尽脑汁、冥思苦想，怎么也想不明白，

此日中流自在行：今天各种相关的想法却在头脑中如顺水行船般自在流淌。

近代学者王国维借用宋代词人的三段词句形容读书学习的三层境界。

第一层

昨夜西风凋碧树，独上高楼，望尽天涯路。

宋·晏殊《蝶恋花》

读书要耐得住寂寞，下定决心，立志高远。

第二层

衣带渐宽终不悔，为伊消得人憔悴。

宋·柳永《蝶恋花》

定下明确的目标，坚持不懈，即使日渐消瘦也无怨无悔。

第三层

众里寻他千百度，蓦（mò）然回首，那人却在，灯火阑珊处。宋·辛弃疾《青玉案》

在人群中找了她千百回，猛然回头，却发现她就在灯火黯淡的地方。寻找了千百次的答案，不经意间突然就找到了。"向来枉费推移力，此日中流自在行"表达的也是这一层境界。

四时田园杂兴(其三十一)

宋·范成大

昼出耘田夜绩麻,
村庄儿女各当家。
童孙未解供耕织,
也傍桑阴学种瓜。

注 耘田:在田间除草。
绩麻:把麻搓成线。
未解:不理解,不懂。
供:从事,参加。
傍:靠近。

译 初夏,农人白天去田里除草,夜晚在家中搓麻线,村里的男子女子各有各的活儿要干。小孩子还不懂怎么耕田和织布,也在桑树荫下学着大人的样子种瓜。

诗歌助记

四时□□杂兴（其三十一）

宋·范□□

昼出□□夜□□，

村庄儿女各□□。

童孙未解供□□，

也傍□□学□□。

隐居石湖

范成大是吴县（今江苏苏州）人，出生于南宋建立的前一年。他为官三十多年，为国家、为人民做了很多实事。五十多岁时，范成大在苏州的石湖边修建了一座带园林的别墅，终于过上了他向往已久的田园生活。皇帝为他题写了"石湖"二字，他也给自己取了个号为"石湖居士"。

因为喜欢吃梅子，范成大在别墅周围种了许多梅子树，还写了一本关于梅子的书。在石湖隐居的这段时期，范成大写下了他最知名的代表作《四时田园杂兴》六十首，分为春日、晚春、夏日、秋日、冬日五组，每组十二首，生动刻画了春、夏、秋、冬四个季节的农村劳动和田园生活，也反映出农民所受的剥削和生活的困苦。前面学过的"梅子金黄杏子肥"那首是《夏日田园杂兴》中的第一首，本诗为第七首。

新筑场泥镜面平，
家家打稻趁霜晴。
笑歌声里轻雷动，
一夜连枷响到明。
《秋日田园杂兴》

无力买田聊种水，
近来湖面亦收租。
《夏日田园杂兴》

稚子弄冰

宋·杨万里

稚子金盆脱晓冰,
彩丝穿取当银钲。
敲成玉磬穿林响,
忽作玻璃碎地声。

注 稚子：幼小的孩子。
弄：手拿着、摆弄着玩儿。
钲：一种金属打击乐器，形状像钟，有长柄。
磬：一种打击乐器，形状像曲尺，多用玉、石制成。

译 清晨，小孩子从铜盆里把冻结的冰块取出来，用彩线穿起来当成钲来敲。
敲出的声音像玉磬声一样穿越树林，冰块忽然落到地上，发出玻璃碎裂般的声音。

♪ 诗文声律

脱晓冰 ⇌ 当银钲　　玉磬 ⇌ 玻璃
穿林响 ⇌ 碎地声

诗歌助记

稚子　金盆　脱晓冰,
彩丝　穿取　当银钲。

稚子弄冰
宋·杨万里

玉磬　穿林　响,
敲成

忽作　玻璃　碎地声。

□□ 弄冰   宋·杨□□

稚子□□脱□□，

□□穿取当□□。

敲成□□穿林响，

忽作□□碎地声。

杨万里的儿童诗

　　杨万里是吉州吉水（今江西吉水）人。他为官清廉刚直，对官位、财富都看得很淡，随时准备放弃。杨万里在朝廷里做官时，专门做了个小木盒，用来存放平时攒下来的返回家乡的路费。他经常对家人说，不要随便买东西，免得到时候回老家时行李太多。在京中当官多年，每天都像是整装待发。等到他退休后回到家乡，也没有钱建新房子，一家人仍旧住在几间破败的老屋里。

　　诗人虽然在官场待了几十年，仍然怀着一颗童心，描写儿童的诗作写得清新活泼，富有童趣。除了这首《稚子弄冰》，他还写了很多描写儿童的诗。

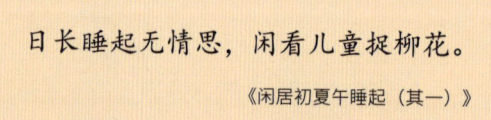

日长睡起无情思，闲看儿童捉柳花。
《闲居初夏午睡起（其一）》

戏掬清泉洒蕉叶，儿童误认雨声来。
《闲居初夏午睡起（其二）》

一叶渔船两小童，收篙停棹（zhào）坐船中。
怪生无雨都张伞，不是遮头是使风。
《舟过安仁》

童子柳阴眠正着，一牛吃过柳阴西。
《桑茶坑道中》

村晚

宋·雷震

草满池塘水满陂，
山衔落日浸寒漪。
牧童归去横牛背，
短笛无腔信口吹。

注　陂：池塘的岸。
　　衔：口里含着。
　　漪：水面的波纹。
　　腔：曲调。
　　信口：随口。

译　池塘边长满绿草，池水涨满池岸，
　　太阳正要落山，山衔住落日，倒影浸没在带着寒意的水波里。
　　放牛回家的孩子横坐在牛背上，
　　用短笛随口吹奏着不成调的曲子。

诗歌助记

草满池塘　水满陂，　山衔落日　浸寒漪。

牧童　归去　横牛背，　短笛无腔　信口吹。

村晚
宋·雷震

村□

宋·雷□

草满□□水满□,

山衔□□浸□□。

□□归去横□□,

□□无腔□□吹。

牧童、牛和短笛

　　《村晚》是一首描写乡村傍晚景色的田园诗。前两句描写了近处绿草丛生、池水涨满的池塘；远处太阳西沉，有一半已经落到了山背后，就像被山衔在口中一样；远山和夕阳一起倒映在湖中，像浸没在泛着寒意的粼粼波光里。在这样一幅田园风光图中，出现了一个横坐在牛背上的孩子，手里拿着一支短笛随意地吹出清脆的曲子，给宁静的自然风景增添了一份活泼灵动的生机。

　　牧童是指放牧牛、羊等牲畜的儿童。我国古代，牛是农民耕种田地的重要帮手，孩子们要承担的主要家务劳动之一就是帮家里放牛，所以古诗中出现的牧童大多都是放牛的孩子。牧童是田园诗中经常出现的人物形象，他们手里通常还会拿着一管短笛，打发有些无聊的放牛时光，呈现出一种无忧无虑、自由自在、怡然自得的生活状态，也表达出诗人们对这种自由淳朴、与世无争的田园生活的向往之情。

> 远岸牧童吹短笛，
> 蓼（liǎo）花深处信牛行。
> 　　　　　唐·刘兼《莲塘霁（jì）望》
>
> 草铺横野六七里，
> 笛弄晚风三四声。唐·吕岩《牧童》
>
> 牧童避雨归来晚，
> 一笛春风草满川。宋·陆游《杂感》

> 蚕娘洗茧前溪渌（lù），
> 牧童吹笛和衣浴。
> 　　　　　唐·贯休《春晚书山家屋壁》
>
> 渔父晚船分浦（pǔ）钓，
> 牧童寒笛倚牛吹。
> 　　　　　唐·杜荀鹤《登石壁禅师水阁有作》

游子吟

唐·孟郊

慈母手中线，
游子身上衣。
临行密密缝，
意恐迟迟归。
谁言寸草心，
报得三春晖。

注
游子：指离开家乡在外旅行或长期居住在外乡的人。
吟：古代诗歌体裁的一种。
意恐：担心。
寸草：小草，这里比喻子女。
三春晖：春天灿烂的阳光，这里比喻慈母之爱。三春，春天，农历正月为孟春，二月为仲春，三月为季春，合称三春。晖，阳光。

译
慈爱的母亲手里拿着针线，
为将要出远门的孩子缝制新衣。
临行前一针针密密地缝，
生怕孩子迟迟不能回来会把衣服穿破。
有谁能说像小草那样微薄的心意，
能报答得了春天阳光般温暖博大的慈母之爱。

♪ 诗文声律

慈母 ══ 游子　　密密缝 ══ 迟迟归
手中线 ══ 身上衣　寸草心 ══ 三春晖

诗歌助记

慈母 手中 线，　游子 身上 衣。
临行 密密 缝，　意恐 迟迟 归。
谁言 寸草 心，　报得 三春 晖。

游子吟
唐·孟郊

□□吟

唐·孟□

慈母手中□,
游子身上□。

临行□□缝,

意恐□□归。

谁言□□心,
报得□□晖。

郊寒岛瘦

本诗作者孟郊是和《寻隐者不遇》的作者贾岛同时代的诗人，他比贾岛大二十八岁。孟郊四十多岁才考中进士，几年后当了个县一级的小官，一生都在贫寒困顿中度过。孟郊和贾岛都是对每个字词都要仔细锤炼、反复推敲的苦吟诗人，写了很多凄苦清冷的诗句，诗歌风格哀伤婉转、凄凉悲痛，苏轼称他们为"郊寒岛瘦"。"寒"指清寒，"瘦"指简练。不过《游子吟》这首诗不但不寒冷，还充满着融融的暖意，歌颂了母亲像阳光一样伟大广博、灿烂温暖的爱子之心。

成语大家

有很多成语出自古人的诗句，孟郊的诗作就贡献了四个成语。本诗中的"谁言寸草心，报得三春晖"出了成语"寸草春晖"，用来比喻子女报答不尽父母的恩情。他的"妾心藕中丝，虽断犹相连"出了成语"藕断丝连"，比喻表面上断了关系，实际上仍有牵连。

孟郊第三次参加科举考试，终于考中了进士，他怀着激动兴奋的心情，写下了"春风得意马蹄疾，一日看尽长安花"，成语"春风得意""走马观花"就出自这两句诗。春风得意形容事业成功、事事顺畅时心满意足、扬扬自得的样子；走马观花则形容观察事物或了解情况不深入细致。

鸟鸣涧

唐·王维

人闲桂花落,
夜静春山空。
月出惊山鸟,
时鸣春涧中。

注
鸟鸣涧:鸟儿在山涧中鸣叫。涧,夹在两山之间的流水。
闲:安静,悠闲。
惊:惊动,惊扰。
时鸣:不时地啼叫。时,时而,偶尔。

译 人闲适恬静,桂花悄无声息地飘落,春天安静的夜晚,山间更显空寂。月亮出来,惊起几只栖息的山鸟,不时在春天的山涧中声声啼鸣。

♪ 诗文声律

人闲 ═ 夜静   桂花落 ═ 春山空

诗歌助记

人闲 桂花落,
夜静 春山空。

鸟鸣涧
唐·王维

月出 惊 山鸟,
时鸣 春涧 中。

鸟鸣□

唐·□□

人闲□□落，

夜静□□空。

月出惊□□，

时鸣□□中。

静悄悄的诗词

《鸟鸣涧》是诗人王维为好友皇甫岳的云溪别墅题写的组诗《皇甫岳云溪杂题五首》中的第一首。诗名中虽然有"鸟鸣",但全诗着重表现的却是"静"。桂花细小,静落无声;春夜寂静,更显山间空旷。月亮从云层中露出来,明亮的月光就足以惊醒已经入睡的小鸟,而几声鸟鸣更衬托出夜的寂静。

古诗词中有很多描写环境寂静清幽的诗句。有些诗中,全然听不到声响。

千山鸟飞绝,万径人踪灭。

唐·柳宗元《江雪》

所有的山上,鸟都已经飞尽,所有的路上都看不到人的踪迹。

缺月挂疏桐,漏断人初静。谁见幽人独往来,缥缈孤鸿影。宋·苏轼《卜算子》

弯月挂在枝叶稀疏的梧桐树上,夜深人静,用来滴水计时的漏壶里的水已经滴光了。有谁见到幽人独自往来,仿佛天边孤雁般隐隐约约的身影。

另外一些诗则像《鸟鸣涧》一样,用声响来反衬环境的寂静。

万籁此皆寂,惟闻钟磬音。

唐·常建《题破山寺后禅院》

万物都沉默静寂,只听得到敲钟击磬的声音。

蝉噪林逾静,鸟鸣山更幽。

南北朝·王籍《入若耶溪》

蝉儿鸣噪,树林却显得格外宁静;鸟鸣声声,山间却更显清幽。

从军行

唐·王昌龄

青海长云暗雪山,
孤城遥望玉门关。
黄沙百战穿金甲,
不破楼兰终不还。

注 从军行:乐府曲名,内容多写边塞情况和战士的生活。王昌龄的这组诗共七首,本诗为第四首。
青海:指青海湖,在今青海。
玉门关:古代关名,故址在今甘肃敦煌西北。
楼兰:古代西域国名,在今新疆境内,这里泛指西域地区的各部族政权。

译 青海湖上空大片的乌云遮暗了雪山,边塞孤零零的古城和玉门关遥遥相望。守边将士身经百战,黄沙已经把铠甲磨穿,不打败来犯的敌人,绝不返回家乡。

诗歌助记

从军行 唐·王昌龄

青海 长云 暗 雪山, 孤城 遥望 玉门关。

黄沙 百战 穿 金甲, 不破 楼兰 终不还。

□□行 唐·王□□

□□长云暗雪山，

孤城遥望□□□。

黄沙百战穿□□，

不破□□终不还。

玉门关

这是我们在本书中学到的王昌龄的第二首边塞诗,前一首是《出塞》:

秦时明月汉时关,万里长征人未还。但使龙城飞将在,不教胡马度阴山。

《出塞》表达了诗人期待优秀将领出现,早日结束战争,让人民过上安定生活的愿望。《从军行》则着重表达了将士们英勇作战的斗志、誓死保卫边关的决心。

《出塞》第一句就说到了关城,《从军行》中则出现了玉门关,古代的西域指的就是玉门关以西的广大区域。玉门关修建于汉武帝时期,是中原通往西域的门户,也是"丝绸之路"上的重要关隘。出产和田玉的新疆和田,汉代时属于西域的于阗(tián)国,当时已经向中原输送玉石,玉门关也因而得名。

玉门关不是玉做的门,而是玉经过的门。

楼兰古国

楼兰也是古代西域的一个小国,国都楼兰城位于新疆罗布泊西岸,现在还存有楼兰古城遗址。西汉时,楼兰和汉朝之间多次爆发战争,西汉大臣傅介子斩杀楼兰王,任命了新国王,并把楼兰改名为鄯(shàn)善。东汉时,班超出使西域,想联合鄯善国一起对付北方的匈奴,成语故事"不入虎穴,焉得虎子"就发生在这里。楼兰(鄯善)国存在了六百多年后,在南北朝时期被北魏灭亡。本诗中,楼兰被用来泛指西域地区的各部族政权。

秋夜将晓出篱门迎凉有感

宋·陆游

三万里河东入海，
五千仞岳上摩天。
遗民泪尽胡尘里，
南望王师又一年。

注
三万里河：指黄河。"三万里"是虚指，形容很长。
五千仞岳：指华山。"五千仞"是虚指，形容很高。仞，古代长度单位，八尺或七尺叫作一仞，周代一尺约为二十三厘米。
摩天：碰到天，形容极高。摩，接触。
遗民：指在金统治地区生活的原先宋朝的百姓。
胡尘：指金统治地区的风沙，这里借指金政权。
王师：指南宋朝廷的军队。

译 黄河奔流入海，
华山高耸入云。
遗民百姓的泪水已经流尽，
年复一年地盼望南宋朝廷前来收复失地。

♪ **诗文声律**
三万里 ⇌ 五千仞
　河 ⇌ 岳
东入海 ⇌ 上摩天

诗歌助记

三万里河 东入海， 五千仞岳 上摩天。
遗民 泪尽 胡尘里， 南望王师 又一年。

秋夜将晓出篱门迎凉有感
宋·陆游

秋夜□□出篱门□□有感

□·陆游

三万里河□□□,
五千仞岳□□□。
□□泪尽□□里,
南望□□又一年。

心系统一的小李白

陆游出生于越州山阴（今浙江绍兴）一个官宦世家。1125年，父亲陆宰带着家人坐船去京城开封向皇帝汇报工作，走到淮河时，陆游在船上出生，于是取名为"游"。就在那年冬天，北方的金兵南下入侵中原，并于1127年攻破开封，北宋灭亡。陆宰也带着家人回到了山阴老家。

陆游年轻时在朝廷做官，他博学多才，能诗擅文，名气很大。有一次，皇帝问身边的大臣："我们这一朝的诗人中，有像唐代的李白那样才华横溢、冠绝一时的大诗人吗？"大臣不假思索地说："陆游可以称得上是那样的诗人。"后来，朝廷上下的官员们就称陆游为"小李白"。

陆游一生坚持抗金，晚年退休后回到家乡山阴居住，虽然不用再为工作操心，但希望朝廷军队早日北伐、收复中原仍是他最大的心愿。这年初秋的一个夜晚，天气还有些炎热，想到自己年华已老，壮志未酬，陆游无法入睡，彻夜难眠。天快亮时，他走出竹篱院门，一阵凉风迎面吹来，天空银河西沉，邻居家传来鸡鸣，想想宋朝大好河山仍被金人占据，中原百姓还在苦苦等待王师归来，百感交集，于是写下了《秋夜将晓出篱门迎凉有感》二首，今天学的是其中的第二首。

闻官军收河南河北

唐·杜甫

剑外忽传收蓟北,

初闻涕泪满衣裳。

却看妻子愁何在,

漫卷诗书喜欲狂。

白日放歌须纵酒,

青春作伴好还乡。

即从巴峡穿巫峡,

便下襄阳向洛阳。

注 河南河北：指当时被安史叛军占领的黄河南北两岸的地区。
　　剑外：剑门关以南地区，指作者所在的蜀地，今四川一带。
　　蓟北：泛指唐朝蓟州北部地区，今河北北部一带，当时是叛军盘踞的地方。
　　涕：眼泪。
　　却看：回头看。
　　妻子：妻子和孩子。
　　青春：指春天。
　　巴峡：指在今重庆嘉陵江的巴峡，俗称"小三峡"。
　　巫峡：长江三峡之一，在今重庆巫山。

译 剑门关外忽然传来收复蓟北的消息，
　　刚听说时，激动的泪水落满衣裳。
　　回头看看妻子和孩子，哪还有一点儿愁容，
　　随手卷起诗书收拾行李，全家人欣喜若狂。
　　白日里我要放声高歌，痛饮美酒，
　　明媚的春光陪伴我一起返回家乡。
　　即刻就要起程，穿过巴峡后再穿过巫峡，
　　经过襄阳后直奔久别的洛阳。

♪ **诗文声律**

却看 ⇌ 漫卷　　须纵酒 ⇌ 好还乡
妻子 ⇌ 诗书　　即从 ⇌ 便下
愁何在 ⇌ 喜欲狂　巴峡 ⇌ 襄阳
白日 ⇌ 青春　　穿巫峡 ⇌ 向洛阳
放歌 ⇌ 作伴

诗歌助记

剑外　忽传　收蓟北，　初闻　涕泪　满衣裳。

却看　妻子　愁何在，　漫卷　诗书　喜欲狂。

白日　放歌　须纵酒，　青春　作伴　好还乡。

即从　巴峡　穿巫峡，　便下　襄阳　向洛阳。

闻官军收河南河北
唐·杜甫

闻□□收河□河□　　　唐·□□

剑外忽传收□□,
初闻□□满衣裳。
却看妻子□□□,
漫卷诗书□□□。
白日□□须纵酒,
□□作伴好还乡。
即从□峡穿□峡,
便下□阳向□阳。

诗圣杜甫

杜甫和李白是唐代诗坛的两座高峰，但和李白诗歌雄奇奔放的浪漫主义风格不一样，杜甫的诗更关注老百姓的生活，同情下层人民，记录真实历史，所以他被称为"诗圣"，他的诗被称为"诗史"。

杜甫怀才不遇，一生穷困潦倒，小儿子甚至被活活饿死。虽然自己处境艰难，但他心里想的却是天下所有饱受苦难的人民。

> 光我有房不行，还得全天下人都有房。

安得广厦千万间，
大庇天下寒士俱欢颜。

《茅屋为秋风所破歌》

公元 755 年，唐玄宗曾经无比宠信的将领安禄山和部将史思明起兵造反，历史上称这次叛乱为"安史之乱"。叛乱爆发后，唐玄宗逃到了四川，杜甫被新继位的唐肃宗任命为左拾遗，所以杜甫也被称为"杜拾遗"。左拾遗的主要工作就是给皇帝提意见，结果不久后杜甫就因为提意见得罪了皇帝，被贬到华州（今陕西渭南）当了个小官。后来杜甫辞去官职，到了四川一带。

安史之乱的八年间，杜甫颠沛流离，在路途中亲眼看到了战争给老百姓带来的苦难，写下了著名的"三吏""三别"。

> 我的诗都来自痛苦的生活本身。

三吏：《新安吏》《石壕吏》《潼关吏》
三别：《新婚别》《垂老别》《无家别》

公元 763 年春天，叛军被打败，黄河南北大片地区被官军收复，安史之乱结束。消息传来，杜甫激动万分，写下了这首《闻官军收河南河北》，表达出战乱终于平息，自己和家人能够返回家乡的喜悦心情。

凉州词

唐·王之涣

黄河远上白云间，
一片孤城万仞山。
羌笛何须怨杨柳，
春风不度玉门关。

注 凉州词：为唐代流行的一首曲子《凉州曲》配的唱词。《凉州曲》起源于凉州（今甘肃武威）一带。
羌笛：古代羌族的一种乐器。
杨柳：指《折杨柳》这首曲子，寓意离别的情怀。
度：吹到，吹过。

译 黄河像是远远延伸进高高的白云之间，一片孤零零的关城依傍在万仞高山边。何必用羌笛吹起哀怨的杨柳曲，埋怨春天迟迟不来，要知道，春风从来没有吹到过玉门关。

诗歌助记

□□词 唐·王□□

黄河远上□□□,
一片孤城□□□。
□□何须怨□□,
春风不度□□□。

旗亭画壁

本诗作者王之涣和诗人高适、王昌龄都是好朋友。相传有一次，三人去酒楼喝酒，正好十几个艺人在这里奏乐唱曲。王昌龄低声对二人说："我们三人从来没分出个高下，今天正好看看，待会儿艺人们唱得最多的是谁的诗，谁就是最厉害的。"

这时就听第一个歌伎唱道："寒雨连江夜入吴，平明送客楚山孤。洛阳亲友如相问，一片冰心在玉壶。"王昌龄用手指在墙壁上划了一道，说："我的一首绝句。"

接着第二位唱的是高适的诗，高适也在墙上划了一道："我的一首绝句。"

第三位歌伎唱道："奉帚平明金殿开，且将团扇共徘徊。玉颜不及寒鸦色，犹带昭阳日影来。"这又是王昌龄的，他得意地在墙上又划了一道："两首啦！"

王之涣很不服气，说："这都是些穷困潦倒的艺人，唱的也是些老百姓爱听的流行歌曲，一点儿都不高雅。"他指着艺人中长得最漂亮、气质最好的那个说："待会儿看看这一位唱什么歌，如果不是我的，我这辈子都不跟你们争高下了。"大家听了一片欢笑，然后满怀期待地等着表演开始。

不久，就听那位歌伎开口唱道："黄河远上白云间，一片孤城万仞山。羌笛何须怨杨柳，春风不度玉门关。"

王之涣跳起来喊道："怎么样，我没有吹牛吧！"王昌龄和高适哈哈大笑，都承认这次比拼王之涣更胜一筹。

在古代，酒楼也称为旗亭，因为在门前挂有旗子而得名，这个故事就叫"旗亭画壁"，成为文人聚会、赛诗斗文的一个典故流传下来。

黄鹤楼送孟浩然之广陵

唐·李白

故人西辞黄鹤楼,
烟花三月下扬州。
孤帆远影碧空尽,
唯见长江天际流。

注 之:去,往。
广陵:即扬州。在今江苏。
故人:老朋友。这里指李白的朋友孟浩然。
辞:辞别。
烟花:形容柳絮如烟、繁花似锦的春天景色。
天际:天边。

译 老朋友向我辞行,朝西挥别了黄鹤楼,在阳春三月顺长江而下,去扬州远游。一片孤帆渐渐远去,消失在碧空尽头,只看见滚滚长江水朝着天边奔流不休。

诗歌助记

□□楼送□□□之广陵

唐·□□

故人西辞□□□,

烟花三月□□□。

孤帆远影□□□,

唯见长江□□□。

李白和黄鹤楼

黄鹤楼位于现在湖北省省会武汉市，始建于三国时期。传说曾经有位神仙在这里骑上一只黄鹤飞天而去，黄鹤楼因此得名。

二十七岁时，在外漫游了几年的李白在湖北安陆定居下来，在这里住了十年。在这段时间里，李白结识了比他大十二岁的湖北襄阳人孟浩然。这一年的阳春三月，孟浩然准备去广陵，李白便约孟浩然在武汉见面，和孟浩然同游黄鹤楼后，在江边送别，并写下了这首脍炙人口的《黄鹤楼送孟浩然之广陵》。

李白曾多次游览黄鹤楼，写下过"黄鹤楼中吹玉笛，江城五月落梅花"的伤感诗句。但李白虽是唐代诗歌成就最高的诗人，关于黄鹤楼最出名的诗却不是他写的。

传说有一次，李白登上黄鹤楼放眼远眺，被眼前开阔壮观的景色所震撼，正想题诗一首，突然看到墙壁上已经有人题了一首诗，这便是崔颢的《黄鹤楼》。

昔人已乘黄鹤去，此地空余黄鹤楼。

黄鹤一去不复返，白云千载空悠悠。

晴川历历汉阳树，芳草萋萋鹦鹉洲。

日暮乡关何处是？烟波江上使人愁。

唐·崔颢《黄鹤楼》

李白边看边赞叹不绝，说道："眼前有景道不得，崔颢题诗在上头。"然后无奈地放下了笔。

打你打你，这么好的诗竟然不是我写的！

一拳捶碎黄鹤楼，　　　　　　　　　一脚踢翻鹦鹉洲。

自相矛盾

选自《韩非子·难一》

楚人有鬻盾与矛者,誉之曰:"吾盾之坚,物莫能陷也。"又誉其矛曰:"吾矛之利,于物无不陷也。"或曰:"以子之矛陷子之盾,何如?"其人弗能应也。夫不可陷之盾与无不陷之矛,不可同世而立。

注:
矛:古代兵器,在长杆的一端装有青铜或铁制成的枪头。
盾:盾牌,古代作战时用来防护身体、遮挡刀箭。
鬻:卖。 誉:赞誉,夸耀。
陷:刺破,穿透。
或:有的人。
夫:放在句首,表示将发议论。

译:楚国有个卖盾和矛的人,夸耀他的盾说:"我的盾坚固无比,没有什么东西能够刺穿它。"又夸耀他的矛说:"我的矛非常锋利,任何坚固的东西都能刺穿。"有人问他:"用您的矛来刺您的盾,会怎么样呢?"那人一句话也答不上来。什么都不能刺穿的盾和什么都能刺穿的矛,不可能同时存在于这个世界上。

自相□□

选自《□□□·难一》

楚人有□盾与矛者，誉之曰："吾盾之□，物□□□也。"

又誉其矛曰："吾矛之□，于物□□□也。"

或曰："以子之□陷子之□，何如？"其人□□□也。

夫□□□之盾与□□□之矛，不可□□而立。

矛盾和干戈

矛和盾是古代常用的两种兵器，矛用来进攻，盾则用来防御。正是从这个寓言故事之后，矛和盾才合成为一个词语——矛盾。"矛盾"一词有多层含义，比喻一个人的言语或行为自相抵触，也指两个人之间有隔阂、嫌隙，也泛指事物互相抵触或排斥。

这个故事还出了两个成语，第一个就是这篇古文的标题——自相矛盾，指一个人的言行前后不一或是互相抵触。成语"以子之矛，攻子之盾"也出自这个故事，比喻用对方的言论或观点来反驳对方。

传说黄帝时期就已经有了盾，也称为"干"。《山海经》中记载，炎帝手下的大将刑天和黄帝争位时，一手拿干，一手拿戚（斧子）。晋代诗人陶渊明写有"刑天舞干戚，猛志固常在"的诗句，赞美刑天坚持战斗、永不妥协的精神。到了宋代，盾被称为"牌"，现在多合称"盾牌"。

戈是一种类似矛的长杆兵器，干和戈合成"干戈"一词，泛指武器，多用来指战争。如"大动干戈"，原指发动战争，现在多用来比喻兴师动众或大张声势地做事情。另外，干戈也有矛盾、仇怨之意。如"化干戈为玉帛"，比喻消除仇怨，使战争转化为和平，使争吵转化为友好。

乡村四月

宋·翁卷

绿遍山原白满川，
子规声里雨如烟。
乡村四月闲人少，
才了蚕桑又插田。

注 山原：山陵和原野。
白满川：指稻田里的水色映着天光。
川，平地。
子规：鸟名，杜鹃鸟。
才了：刚刚结束。
蚕桑：种桑养蚕。

译 山坡田野披上绿装，稻田里的水映着白色的天光，杜鹃声声啼鸣，空中细雨如烟。
乡村的四月少有闲人，
刚忙完采桑养蚕，又要下田去插秧。

诗歌助记

乡村□□

宋·翁□

绿遍山原□□□,
子规声里□□□。

乡村四月□□少,

才了□□又□□。

子规和杜鹃

本诗中的子规就是杜鹃鸟。杜鹃是鸟类中少有的不会筑巢的鸟。鸟儿筑巢可不是为了晚上睡觉用,而是为了孵化小鸟,养育幼鸟。杜鹃不会筑巢,就没法自己孵小鸟,它会把卵产在别的鸟儿的巢里,让别的鸟帮它孵化并养大小鸟。小杜鹃破壳而出后,为了独占养父母带回来的食物,还会把养父母的亲孩子推出巢外。

虽然杜鹃的行为这么恶劣,但它却是古诗词中经常出现的鸟类代表。除了子规,它还叫杜宇、布谷。

传说,古代蜀国一位被称为望帝的国君,名叫杜宇,他死后化成了一只杜鹃鸟,悲鸣不止,所以后来人们也称杜鹃为杜宇。

庄生晓梦迷蝴蝶,望帝春心托杜鹃。唐·李商隐《锦瑟》

每到春天,杜鹃在空中声声啼鸣,"布谷、布谷",像是在催促人们赶紧撒播谷种;漂泊在外乡的人听来,杜鹃却是在叫"不归不归",似乎在催促自己回家,所以杜鹃又有了布谷、子规(归)这两个名字。

杜鹃的口腔和舌头都是红的。古人见杜鹃鸣叫不已,嘴里一片血红,以为杜鹃叫得满嘴是血,所以有"杜鹃啼血"一说,用来形容极度悲伤哀痛的情绪。

其间旦暮闻何物?杜鹃啼血猿哀鸣。唐·白居易《琵琶行》

还有一种植物也叫杜鹃。杜鹃花颜色鲜艳,又名映山红,传说是杜鹃鸣叫滴下的血染红的,所以花鸟同名。

蜀国曾闻子规鸟,宣城又见杜鹃花。
一叫一回肠一断,三春三月忆三巴。

唐·李白《宣城见杜鹃花》

杨氏之子

选自《世说新语·言语》

梁国杨氏子九岁,甚聪惠。孔君平诣其父,父不在,乃呼儿出。为设果,果有杨梅。孔指以示儿曰:"此是君家果。"儿应声答曰:"未闻孔雀是夫子家禽。"

注
甚:非常。
惠:同"慧"。
诣:拜访。
乃:就,于是。
示:给……看。
夫子:古时对男子的敬称,这里指孔君平。

译 梁国有一户姓杨的人家,家里有个九岁的儿子,非常聪明。孔君平来拜访他的父亲,正好他父亲不在,于是便叫他出来。孩子为孔君平端来水果,水果中有杨梅。孔君平指着杨梅给孩子看,说:"这是你家的水果。"孩子马上回答说:"没听说过孔雀是先生您家的鸟。"

□□之子

选自《□□□□·言语》

梁国□□子九岁,甚□□。孔君平□其父,父不在,乃□□出。为设□,果有□□。孔□以□儿曰:"此是□□□。"儿□□答曰:"未闻□□是夫子□□。"

童言智语

　　本故事中，父亲的客人用杨梅调侃小朋友，说杨梅和他是一家人，孩子马上用孔雀来回应这位姓孔的客人：如果杨梅和我是一家，那孔雀和您也是一家啰。

　　这个故事出自南朝刘义庆的《世说新语》，这本书里还收录了很多小孩子说出惊人话语的智慧故事。

　　晋朝时，有一个八岁的小孩，正好是换牙齿的年纪，嘴里掉了颗牙。一次，一个大人逗他说："你嘴里为什么开了个狗洞啊？"小孩马上回答说："就是为了让你这样的人从这里出入啊！"

　　东汉名士陈寔（shí）也有一个伶牙俐齿的儿子。有一次，陈寔和朋友约了中午来自己家，一起去个地方。到了中午还不见朋友来，陈寔就自己走了。姗姗来迟的朋友得知后，竟然破口大骂："真不是人啊！和人约好了的，却扔下别人自己走了。"陈寔七岁的儿子说："您和我父亲约好了中午见面，中午没到，是不讲信用；对着孩子骂父亲，是没有礼貌。"那人听了这话，非常惭愧。

　　所以你看，小朋友多读书，练好口才，也能把那些喜欢逗小孩或是没礼貌的大人们说得哑口无言。

歪歪兔更多好书

《这样做小报》（全 5 册）
一套小报大百科。科学五步法，独立完成高质量小报作业。

《一看就会写的作文启蒙书》（全 4 册）
一套作文方法论，让你轻松掌握写作的底层逻辑。

《学会管自己——歪歪兔独立成长童话》（全 10 册）
10 大独立成长主题（不拖延、不马虎、不放弃、不自卑等），10 个引人入胜的童话故事，陪孩子走好从幼儿园到小学的每一步，全面适应小学新环境。

《绽放自我——歪歪兔生命教育童话》（全 10 册）
10 个生命教育主题，有关亲情、友情、生死等，每一本都会读到流泪，让孩子直面生命中的各种问题。

《身边事物简史丛书——书的历史》
别人了解书里的故事，你还了解书背后的故事，一本书读懂书在几千年间的发展变迁。

《身边事物简史丛书——火的历史》
追溯人类 180 万年用火史，了解火如何一步步改变了人类和世界。

《身边事物简史丛书——时间的历史》
带孩子读懂时间、思考时间，给孩子管理时间的全部秘密。

歪歪兔童书，是故事更是教育宝典
全网销量逾 1 亿册

微信扫一扫
了解更多书

买书更划算
天猫扫一扫

图书在版编目（CIP）数据

趣读古诗文. 3 / 歪歪兔童书馆编绘. -- 北京 : 海豚出版社，2021.10（2024.6重印）
ISBN 978-7-5110-5752-5

Ⅰ. ①趣… Ⅱ. ①歪… Ⅲ. ①古典诗歌－诗歌欣赏－中国－儿童读物 Ⅳ. ①Ⅰ207.2-49

中国版本图书馆CIP数据核字（2021）第170679号

趣读古诗文

歪歪兔童书馆　编绘

出 版 人：王　磊
总 策 划：宗　匠
监　　制：刘　舒
撰　　文：宋　文
绘　　画：李玮琪
装帧设计：玄元武　侯立新
责任编辑：杨文建　李宏声
责任印制：于浩杰　蔡　丽
法律顾问：中咨律师事务所　殷斌律师

出　　版：海豚出版社
地　　址：北京市西城区百万庄大街24号　邮　编：100037
电　　话：（010）65569870（销售）　（010）68996147（总编室）
传　　真：（010）68996147
印　　刷：北京博海升彩色印刷有限公司
开　　本：16开（787毫米×1060毫米）
印　　张：26
字　　数：300千
印　　数：30001-35000
版　　次：2021年10月第1版
印　　次：2024年6月第4次印刷
标准书号：ISBN 978-7-5110-5752-5
定　　价：198.00元（全4册）

版权所有　　侵权必究